AF247187

SOUVENIR

DU

29 SEPTEMBRE 1881

A ARRAS

IMPRIMERIE DE LA SOCIÉTÉ DU PAS-DE-CALAIS

P.-M. LAROCHE, DIRECTEUR

43, Rue d'Amiens, 43.

SOUVENIR

DU

BANQUET DU 29 SEPTEMBRE

A ARRAS

—

1881

—

IMPRIMERIE DE LA SOCIÉTÉ DU PAS-DE-CALAIS

P.-M. LAROCHE, DIRECTEUR

43, Rue d'Amiens, 43.

L'anniversaire de la naissance du comte de Chambord, fêté aujourd'hui dans toutes les villes de France, a donné lieu à Arras à deux cérémonies d'ordre différent, mais dans lesquelles le même amour envers l'héritier de nos rois s'est affirmé d'une façon plus puissante que jamais.

Rarement, en effet, l'église Notre-Dame-des-Ardents a vu une foule aussi compacte se presser sous ses voûtes. Dès onze heures le monument était bondé ; à onze heures et quart les retardataires étaient réduits à s'abriter sous le porche.

M. Grisi, le sympathique maître de chapelle de la Trinité de Paris, qui l'année dernière prêtait déjà à la messe du 29 septembre le concours de son remarquable talent, était revenu parmi nous. L'excellent artiste a chanté de sa voix la plus pure un *Ave Maria* et un *Agnus Dei*, accompagné sur l'harmonium, par M. Duhaupas, maître de chapelle de la Cathédrale d'Arras, et sur le violoncelle, par M. Rabaud, violoncelliste de l'Opéra.

A l'issue de la cérémonie religieuse, près de 300 personnes se sont dirigées vers la salle du banquet. C'est la première fois que les royalistes organisent à Arras une fête de ce genre ; le succès de ce début a dépassé toutes les espérances.

Dans une salle provisoire, ornée avec goût de tentures, et où figurait, à la place d'honneur, la tête si fine et si franche d'Henri le Bien-aimé, trois immenses tables sont dressées ; elles sont insuffisantes pour contenir les souscripteurs ; on se presse ; peu importe la gêne d'un instant : on sera si heureux tout à l'heure de crier à pleins poumons : Vive le Roi !

Quand le récit de cette fête de la fidélité artésienne lui sera fait, l'Auguste Héritier de nos rois, oubliera, au fond de son exil, plus d'une heure d'amertume, et Il croira comme nous que l'heure fixée par la Providence est proche. Tant d'efforts, tant de dévouement, tant de fidélité, tant de prières ne sauraient être vains !

ADRESSE AU ROI

M. le marquis de Partz, président du banquet, donne lecture de l'adresse dont voici le texte :

MONSEIGNEUR,

Nous célébrons aujourd'hui l'anniversaire de votre naissance, et nous venons affirmer, une fois de plus, nos respectueux sentiments et notre inaltérable dévouement pour notre Roi.

Nous souffrons, MONSEIGNEUR ; la confiance s'éloigne, le travail diminue à mesure que les charges s'accroissent ; nous voyons s'évanouir nos plus chères libertés ; un gouvernement de hasard nous outrage dans la dignité de nos consciences, comme dans notre honneur de pères de famille ; une politique d'expédients nous a jetés dans une aventure qui compromet notre colonie algérienne, dernière conquête de la Royauté.

La Monarchie qui a fait la grandeur de la

France s'affirme en face de la République qui nous perd ; puisse le grand parti des honnêtes gens se grouper autour de vous, Monseigneur !

Plus que jamais nous croyons que, par vous seul, nous pouvons avoir la paix et la vraie liberté. Que Dieu exauce nos vœux, qu'il nous rende enfin ce Père et ce Roi « qui n'a d'autre fortune à refaire que celle de la France ! »

TOAST DU MARQUIS DE PARTZ

—

Messieurs,

Dans toute la France, à cette heure, des toasts sont portés à Henri de Bourbon. Je suis heureux et fier de l'honneur qui m'est laissé de préndre le premier la parole au milieu de vous, et de porter la santé du Roi.

Depuis plusieurs années des messes sont célébrées en l'église Notre-Dame des Ardents, à l'anniversaire que nous fêtons aujourd'hui; toujours nous nous y trouvons plus nombreux, toujours nous en sortons plus résolus à l'action. Cette année, nous nous revoyous après une lutte électorale énergiquement soutenue ; grâce à l'*Union monarchique*, hautement proclamée par nous et nos amis, nous avons réuni tous les électeurs sérieusement conservateurs autour de cette idée : *La Royauté est le seul gouvernement possible à opposer au gouvernement républicain.* (Triple salve d'applaudissements.)

Répétons-le ensemble, Messieurs, nous sommes le seul grand parti ouvert aux mécontents de la République, et ils sont nombreux ceux qui, sans oser affirmer la Monarchie, veulent cependant le triomphe du droit et des idées de conservation sociale, le respect des consciences et la grandeur de la France.

Ils reconnaîtront avec nous, soyez-en convaincus, qu'un principe dix fois séculaire, peut seul offrir au pays une chance suprême de *stabilité*, de *rédemption* et de *salut*. (Applaudissements.)

Ai-je besoin de vous montrer, Messieurs, à vous royalistes si dévoués, combien cette rédemption et ce salut sont nécessaires à la France.

Vous savez où nous a conduits le gouvernement de hasard qui nous opprime. Vous savez ce qu'exigent, et vous prévoyez ce qu'exigeront demain les passions populaires que nos maîtres d'un jour se sont plu à déchaîner. De quelque côté que l'on tourne ses regards, il est difficile de trouver, intacte et respectée, une seule institution contre laquelle ne se soit pas acharnée la coterie républicaine. (Applaudissements.)

Quel triste et déplorable spectacle, Messieurs, que celui dont nous sommes maintenant les témoins. Au moment où l'on chasse les religieux de leurs couvents, où l'on arrache du chevet des malades dans nos hôpitaux les filles si dévouées de Saint-Vincent-de-Paul, au moment où on enlève aux pères de famille les libertés d'enseignement si lentement conquises, et où on va leur imposer l'école sans Dieu, les condamnés de la Commune, revenus en triomphateurs, tiennent le haut du pavé, et leurs chefs font leur entrée à la Chambre des députés. Demain révoltés contre nos maîtres d'aujourd'hui qu'ils accusent depuis longtemps d'avoir oublié leurs promesses, malgré toutes les désorganisations déjà effectuées par eux, demain ils seront le gouvernement.

Ah ! Messieurs, si la France ne voit pas enfin l'abîme, auquel elle court fatalement, c'est qu'elle est frappée d'une incurable cécité, c'est que les temps sont accomplis où le doigt de Dieu va la rayer du nombre des nations libres et fortes.

Mais écartons ces tristes pensées, Messieurs, et dans ce jour anniversaire de la naissance de l'héritier des rois qui nous avaient fait la première nation du monde, tournons nos regards vers la terre d'exil, et espérons en des temps meilleurs. Espérons que tous les partisans de la grande opinion des honnêtes gens, finiront par comprendre les leçons que la Providence ne se fait faute de leur donner, et les enseignements qu'elle sème sous leurs pas. (Applaudissements réitérés.)

L'arbre royal où le fer et le feu ont passé, tient encore au sol, la sève y monte toujours. L'héritier de mille ans de gloire est le prince le plus chrétien et le plus accompli de ce temps. Au milieu de ce siècle de mauvaise foi, de promesses toujours violées, d'ambitions et de calculs sans grandeur, il est l'honneur, le désintéressement et la grandeur même.

Pour qu'un monde nouveau se découvre, il suffit d'un mot entre la France et lui ; croyez-le bien, Messieurs, ce mot sera prononcé.

Je vous apporte un principe, disait le prince de Talleyrand au Congrès de Vienne en 1814, ce fut le secret de sa force.

Ce principe, toujours vivant, la France de 1881 en a plus besoin que jamais, c'est le secret de notre espérance. (Bravos !)

Ouvrons donc, Messieurs, nos cœurs à l'espérance, à l'espérance d'un avenir que nous devons croire prochain. Et avant de nous séparer, levons haut notre verre en l'honneur de l'auguste Chef de notre dynastie nationale.

Levons haut notre verre en l'honneur du Père de la grande famille française et, dans un même élan d'enthousiasme, répétons ce cri que nos aïeux poussaient jadis aux jours de joie comme aux jours de tristesse, au milieu du revers comme au milieu de la bonne fortune.

Messieurs, à la santé du Roi. — Vive le Roi !

Le cri de Vive le Roi ! est salué par une longue acclamation répété par toute l'assistance.

TOAST DU COMTE DE DIESBACH

—

Messieurs,

Je dois à notre comité royaliste et à votre bienveillance l'honneur de porter un toast qui trouvera ici, j'en suis certain, un puissant et sympathique écho dans tous les cœurs.

Je suis fier de cette marque d'estime que vous me donnez, car je sais qu'il y avait parmi vous, de plus dignes et de plus autorisés que moi ; j'en suis fier pour ma famille, et vous me permettrez, messieurs, de me souvenir que je suis le petit-fils de ce Diesbach qui eut l'estime et l'amitié de Marie-Antoinette et fut plus tard le défenseur de cette reine dont les malheurs ont étonné le monde, ému les générations qui nous ont précédés et dont les conséquences pèsent si tristement encore sur la génération présente. (Applaudissements.)

Je vous propose, Messieurs, de porter la santé de Marie-Thérèse, de cette digne et bien aimée compagne de notre roi Henri Dieudonné, nom si plein d'espérance, de ce prince qu'un diplomate étranger, qui se connaissait en hommes et en choses, citait comme le prince le plus accompli de son siècle, et seul capable de rendre au peuple français les libertés dont il a si besoin pour assurer la tranquillité du présent et la sécurité de l'avenir.

Elevons donc nos cœurs, Messieurs, et dans une communauté de sentiments, de foi royaliste et de confiance dans l'avenir : à la Reine. (Vive la reine Marie-Thérèse !)

TOAST DE M. LOUIS CAVROIS

—

Messieurs,

Il y a aujourd'hui soixante et un ans, le canon des Invalides annonçait au monde la naissance d'un royal enfant. Un brave officier, en entendant retentir le treizième coup qui désignait le prince, s'écria dans un impromptu qui nous a été conservé :

> O France, l'entends-tu ?
> L'Enfer nous prit Berry,
> Le Ciel nous l'a rendu !
> (Bravo ! bravo !)

Dix ans plus tard, le jeune prince était contraint par la révolution de quitter le pays qui lui avait donné le jour, et tout à l'heure encore nous demandions au Ciel d'abréger ce trop long exil. Mais, Messieurs, celui que nous regardons tous comme notre chef, nous a lui-même indiqué la condition de son retour en France, dans une lettre à notre ami le comte Albert de Mun, où nous lisons ces paroles devenues célèbres : « Pour que j'y puisse régner en Roi, il faut que Dieu y rentre en maître. » (Applaudissements.)
Donc, Messieurs, le règne de Dieu nous con-

duira au règne du Roi. Oh, ne craignez pas que je confonde jamais le domaine des questions politiques avec celui des questions religieuses : mais, si nous savons les distinguer avec soin, nous savons aussi quel lien puissant les unit entre elles.(Applaudissements.)D'ailleurs l'autorité civile elle-même puise sa principale force dans l'autorité religieuse, car il ne faut pas oublier que tout pouvoir vient de Dieu. Voilà pourquoi je vous propose de saluer respectueusement Celui qui réunit en sa personne la double majesté du pouvoir temporel et du pouvoir spirituel, précisément pour qu'ils soient séparés partout ailleurs : l'homme qui occupe cette situation incomparable , vous l'avez tous nommé, Messieurs, c'est Notre Saint-Père le Pape ! (Vive Léon XIII !)

C'est à un chevalier du Pape que mes amis ont voulu réserver l'honneur de ce toast: je tiens à les remercier de cet hommage rendu à une distinction dont je suis personnellement très fier, — n'en déplaise à certain journal, que je ne veux pas nommer, et qui insinuait dernièrement que les décorations pontificales s'achetaient ! S'il en était ainsi, je doute fort que l'écrivain auquel je fais allusion possède l'espèce de monnaie nécessaire pour les payer !

Et puis, Messieurs, pourquoi ne le dirai-je pas ? On a voulu donner la parole dans cette solennelle circonstance à l'un de vos candidats des dernières élections, afin de lui fournir l'occasion d'affirmer publiquement que nous ne sommes nullement découragés par les résultats auxquels nous sommes arrivés. (Longs applaudissements.) Sans doute un succès complet n'a pas couronné nos efforts ; mais nous avons réussi à grouper autour de notre principe (car il ne s'agissait que du principe) un nombre de suffrages imposant, et d'autant plus important que notre campagne électorale s'est engagée dans des conditions défectueuses et que nous avons eu à lutter contre une formidable opposition. Il n'est pas jusqu'à la netteté de nos déclarations qu'on ne nous ait reprochée ; mais cette franchise a toujours été dans les traditions de notre parti ; elle en est l'honneur, j'oserais dire qu'elle en est le monopole ! (Très bien ! très bien !) Car, Messieurs, il n'y a pas deux manières d'être royaliste, pas plus qu'il n'y a deux manières d'être catholique : il faut être royaliste avec le Roi ; il faut être catholique avec le Pape ! (Bravo !)

Et maintenant, comment offrirons-nous au Souverain Pontife des souhaits dignes de lui ? Il me semble que je ne saurais mieux faire que d'emprunter, en la paraphrasant, la formule même des vœux de la Liturgie sacrée.

« Que Dieu le conserve ! », dit d'abord notre texte. Oh ! oui, Messieurs, que Dieu étende sur lui sa main protectrice ; et qu'il le conserve comme il a gardé son illustre prédécesseur. En faveur de Pie IX, Dieu a reculé les limites ordinaires de la vie humaine ; il lui a fait dépasser les années de Pierre, et, lorsqu'il jugea convenable de ne plus continuer le miracle de cette existence, il lui a permis de se survivre à lui-même dans la personne de son successeur ; car (et c'est le plus bel éloge que nous puissions faire de notre glorieux Pontife) Pie IX revit tout entier dans sa sainteté Léon XIII ! (Vive Léon XIII !)

« Que Dieu le vivifie» et lui donne son esprit ! continue le texte sacré. Mais, Messieurs, est-ce que cette prière n'est pas déjà merveilleusement exaucée ? Parmi tant de questions qui nous préoccupent, en est-il une seule que le Pape, malgré la brièveté de son règne, n'ait déjà indiquée et résolue ? Prenons, si vous le voulez bien, la question vitale de ce moment, la question vraiment sociale, en un mot la question ouvrière ; qu'en pense Léon XIII ? Il était à peine promu au souverain Pontificat, que dans une Encyclique mémorable, il bénissait et encourageait « les *Sociétés d'ouvriers* et d'artisans « qui, instituées sous le patronage de la Reli- « gion, savent rendre tous leurs membres con- « tents de leur sort et résignés au travail. »

Il vous intéressera assurément, Messieurs, de rapprocher de ce langage la déclaration qu'avait déjà faite sur cette même question, Mgr le Comte de Chambord. Vous admirerez cette commune manière de voir. — « En résumé, « dit-il, *droit d'association*, sous la surveillance « de l'Etat, et avec le concours de cette multi- « tude d'œuvres admirables, fruits précieux des « vertus évangéliques, — tels sont les principes « qui semblent devoir servir efficacement à dé- « lier le nœud si compliqué de la question ou- « vrière. » (Applaudissements.)

Parmi les moyens destinés à éclairer le peu- ple, il n'en est pas de plus efficace que la pro- pagande des bonnes publications. Déjà Pie IX, avec la sûreté de son regard, avait encouragé le journalisme catholique, et Léon XIII, héritier des vertus de son prédécesseur, vient encore tout récemment de recommander (ce sont ses propres expressions) « le développement de la bonne presse, pour la défense de la religion et de la vérité. »

Messieurs, nous ne pouvons mieux travailler à ce développement qu'en favorisant de tout notre pouvoir une œuvre à laquelle vous vous êtes tous intéressés, j'en suis certain, — je veux parler du colportage. L'expérience que nous en avons faite depuis deux ans nous permet d'affirmer que ce moyen peut seul nous conduire à des résultats surprenants en faisant pénétrer nos idées et nos principes jusqu'au fond des plus humbles villages.

En constatant les progrès toujours croissants de notre journal le *Pas-de-Calais*, nous adresserons aussi nos félicitations à nos amis de Boulogne, de St-Omer, de Montreuil et d'ailleurs, qui, dans la *Colonne*, l'*Indépendant*, la *Montreuilloise*, le *Propagateur*, etc,, soutiennent la même lutte avec un succès bien mérité. Oui, Messieurs, honneur à notre presse départementale qui fait toujours si vaillamment son devoir !

Enfin, Messieurs, la liturgie exprime ce dernier vœu : — « Que Dieu le rende heureux sur cette terre, et qu'il ne le livre pas aux mains de ses ennemis ! » — Ah ! les ennemis du Pape, ils sont nombreux aujourd'hui. Le Pape est prisonnier dans son propre palais : on ne le niera plus, maintenant que nous avons vu la Révolution insulter les restes vénérés de Pie IX ! — Mais que Dieu ne permette pas que le souverain Pontife soit forcé d'abandonner la Ville-Éternelle, car nous n'aurions même pas, comme autrefois, la consolation de lui offrir l'hospitalité dans notre pays. Jadis, au lendemain des Croisades, et en raison des nombreux services rendus par la France à l'Eglise, la Papauté nous fit l'honneur de choisir, au moins temporairement, notre patrie comme lieu de résidence. Avignon montre encore fièrement à ses visiteurs le palais de nos Papes. Est-ce à cette circonstance providentielle qu'il faut attribuer la conservation des principes dont s'honore cette cité? Je veux le croire ; mais je ne puis m'empêcher de vous signaler la manifestation aussi imposante que spontanée par laquelle la ville d'Avignon a acclamé, pendant les dernières élections, le nom du jeune et vaillant orateur que vous allez entendre dans un instant, et qui serait aujourd'hui député, sans l'admirable désintéressement dont il a fait preuve. (Tous les regards se portent vers M. de Barreme, et de vifs applaudissements saluent les paroles de l'orateur.)

Tels sont, Messieurs, les vœux que nous porterons humblement aux pieds du trône du souverain Pontife. Nous lui offrirons l'hommage de notre filial dévouement et de notre inaltérable fidélité ; nous lui dirons que la simultanéité des épreuves de l'Eglise et de la France nous donne l'intime conviction de leur commun et prochain triomphe ; nous lui répèterons que la France veut rester la fille aînée de l'Eglise ; qu'elle se souvient toujours de son baptême et des traditions de son histoire ; qu'en un mot elle est encore la France de Clovis et de saint Louis. Et, puisque l'avenir appartient aux hommes de foi, ajoutons, Messieurs, au cri que nous poussions tout à l'heure pour exprimer notre foi politique, cet autre cri qui affirme si bien notre foi religieuse : Vive le Pape ! (Applaudissements, cris de : Vive le Pape !)

TOAST DE M. DE FRANSSU

—

Au nom du Roi, le comité qui a l'honneur de
le représenter au milieu de nous, me charge de
remplir un devoir bien doux en me demandant
de vous remercier de l'empressement que vous
avez mis à répondre si nombreux à l'appel qui
vous a été fait de venir d'abord prier pour la
France et pour le Roi, puis fêter en famille la
naissance providentielle de celui que Dieu a donné à notre pays pour le sauver. (Applaudissements.)

Merci à vous surtout, Messieurs, qui, venus en
si grand nombre de Saint-Pol, de Béthune, de
Montreuil et même de Boulogne, n'avez pas
craint la fatigue d'un long déplacement.

Mais où ma tâche devient plus difficile, c'est
lorsque, déférant *par obéissance* au désir du comité, je viens essayer de vous dire quelques
mots après les toasts éloquents que vous venez
d'acclamer.

Je vais donc, à défaut de moyens oratoires,
vous parler avec mon cœur, en vous demandant de porter un toast *à l'union et à la discipli-*
ne des soldats du Roi ; de ce Roi qui n'a jamais
menti comme le font chaque jour ceux qui nous
gouvernent et qui, comme le disait le grand
Berryer, dans la mémorable séance de la Cham-

bre des députés du 15 janvier 1851, a dans le cœur, comme il a dans la tête, cette même détestation des complots, des conspirations, des guerres civiles.

Non, Messieurs, en vous parlant des soldats du Roi, je ne viens pas vous entretenir de trames secrètes ; Lui et ses amis ont besoin de respirer à l'air libre ; au grand air, à découvert. (Vifs applaudissements dans toute la salle.)Celui de tous les Français qui aime le mieux la France et qui est (nous le savons tous) si impatient d'y rentrer, (Bravos.) ne voudrait pas le faire au risque d'appeler sur le pays des malheurs et des désastres qui le feraient maudire. Aussi est-il heureux de voir chaque jour grossir ces phalanges d'hommes de cœur qui viennent se grouper autour des membres de nos comités royalistes, dont l'inaltérable constance maintient au prix de longues épreuves, la foi monarchique ; et qui en ce moment appellent à nous tous les vrais conservateurs, tous les vrais patriotes. Ces vaillants soldats forment ce que je puis appeler la tête de l'armée du Roi et ils sont particulièrement chargés de nous transmettre la pensée de Monseigneur. C'est ce qui me fait vous demander la permission de rappeler ici la nécessité absolue d'une union intime avec ceux de nos amis choisis par le Roi pour nous indiquer la route à suivre et sur quel point notre dévouement à la royauté légitime doit particulièrement s'exercer. (Bravo ! applaudissements.)

Lorsque Mgr le comte de Chambord sera remonté sur le trône de saint Louis, je ne dis pas que je ne critiquerai pas un jour les actes d'un

ministère nommé par lui, si sa politique ne me
paraît pas conforme aux intérêts du pays ; mais,
pour le moment, notre seul objectif doit être de
travailler ensemble à le ramener au milieu de
nous (Oui! oui!) en le faisant connaître et aimer,
et nous ne pouvons y travailler avec succès sans
union ni sans discipline. (Très bien ! applaudissements.) A la veille d'une bataille, le général en chef rassemble les chefs de corps, leur
expose la situation et leur demande leurs avis
sur le meilleur moyen de vaincre l'ennemi ;
puis, après avoir recueilli les observations de
tous, en commençant par le plus jeune, il donne
ses ordres, car lui seul est responsable du salut
de l'armée. Nous sommes, nous, soldats du Roi,
dans la même situation. Jusqu'au jour où Henri V sera roi de France, Mgr le comte de Chambord est notre général en chef. (Applaudissements.) Nos comités royalistes lui servent d'or-
ganes de direction auprès de nous; nous devons
donc nous serrer autour d'eux avec union et discipline, avec un dévouement absolu aux ordres
du Roi, sans murmures comme sans décourage-
ments, mais au contraire avec espérance. (Triple
salve d'applaudissements.)

Je reviens aux membres des comités royalistes et particulièrement à leurs si dévoués prési-
dents, pour rendre un hommage mérité à tous
égards à l'homme de cœur que le suffrage universel, malhonnêtement pratiqué, (Bravo !)
vient de retirer, momentanément, de la lutte
active des assemblées parlementaires. Tous nos
efforts doivent tendre à y faire rentrer bientôt
M. le marquis de Partz. (Applaudissements pro-

lòngés.) De même que nous devons travailler sans relâche à transformer en majorité l'imposante minorité obtenue le 21 août par notre ami M. Cavrois. (Très.bien ! applaudissements.)

Après les membres des comités royalistes, nous voyons parmi les plus vaillants défenseurs de la Royauté ces courageux soldats de la pensée, qui, chaque jour sur la brèche, défendent, dans leurs excellents journaux, les principes auxquels nous avons tous voué notre vie et qui se résument par cette devise : Dieu, Patrie et le Roi.

Enfin je salue ces hommes de devoir, qui moins en vue que ceux qui sont à notre tête, n'en sont pas moins aussi de vaillants soldats du Roi.

C'est à vous tous, Messieurs, que je m'adresse en vous disant : Mes amis, le moment est venu d'agir et d'agir avec vigueur. Que chacun de nous gagne ses galons de caporal en recrutant lui-même les hommes de son escouade et tâchons d'arriver promptement à ce minimum des quatre hommes réglementaires.(Très bien ! très bien !)

Ainsi que vous le prouvait tout à l'heure notre sympathique président, dans un langage éloquent et avec une logique irréfutable, il ne reste plus en présence que la Royauté et la République.

Démontrons qu'avec la Royauté nous aurons la paix religieuse et Dieu, tandis qu'avec la République nous avons la persécution religieuse et l'athéisme. Qu'avec la Royauté nous aurons la paix sociale par le dévouement paternel du Roi

aux intérêts populaires, et qu'avec la République nous avons la guerre sociale par la surex-
citation détestable des passions et la proscrip-
tion de la charité chrétienne. Qu'avec la Royauté
nous aurons la vraie liberté, tandis qu'avec la
République nous n'avons et n'aurons jamais que
la licence, le despotisme révolutionnaire et la
liberté du mal étouffant la liberté du bien.
Qu'avec la Royauté enfin nous aurons l'honnêteté
dans toutes les acceptions de ce mot, tandis
qu'avec la République nous avons... autre
chose.

N'avons-nous pas, Messieurs, pour cette pro-
pagande qu'il faut étendre autant que celle faite
par la secte maçonnique, de puissants auxiliai-
res qu'elle cherchera en vain à conquérir ; n'a-
vons-nous pas pour nous *les femmes de France :*
les prières qui, grâce à leurs démarches actives,
sont montées aujourd'hui vers le ciel de tous les
points du pays en sont une preuve auprès de
Dieu dont la protection s'étendra de nouveau
sur la France. (Vifs applaudissements.)

N'avons-nous pas aussi avec nous ces vaillants orateurs qui ne reculent devant aucun sa-
crifice, devant aucune fatigue pour aller porter
partout la bonne parole ; et nos cœurs sont encore remplis du charme de l'éloquence serrée
du sympathique bâtonnier de l'ordre des avo-
cats de Lille qui faisait tout récemment éclater
ici comme une joyeuse fanfare d'espérance de
1100 poitrines d'ouvriers, notre cri de rallie-
ment : Vive le Roi ! (Applaudissements.)

Mais, Messieurs, nous avons le bonheur de
posséder aujourd'hui au milieu de nous, l'un de

ces éloquents défenseurs de notre cause, l'un de ceux qui connaissent le mieux le Roi pour avoir recueilli souvent et directement sa pensée. Aussi j'ose espérer que M. le comte Hélion de Barreme, cédant aux instances de nos amis, voudra bien terminer cette belle réunion par une de ces chaudes improvisations dont il a le secret. (Applaudissements prolongés.)

Comme conclusion de ces quelques mots, permettez-moi, Messieurs, de vous relire la péroraison du manifeste de Monseigneur le comte de Chambord du 2 juillet 1874 ; elle est toujours d'actualité, surtout en ce moment.

« Français : Je suis prêt aujourd'hui comme je l'étais hier.

« La maison de France est sincèrement, loyalement réconciliée. Ralliez-vous confiants derrière elle.

« Trève à nos divisions, pour ne songer qu'aux maux de la patrie ! N'a-t-elle pas assez souffert ? N'est-il pas temps de lui rendre, avec sa royauté séculaire la prospérité, la sécurité, la dignité, la grandeur et tout ce cortège de libertés fécondes que vous n'obtiendrez jamais sans elle.

« L'œuvre est laborieuse, mais Dieu aidant, nous pouvons l'accomplir.

« Que chacun, dans sa conscience, pèse les responsabilités du présent et songe aux sévérités de l'histoire. » (Bravos ! Vive le Roi !)

Pesons donc ces responsabilités, Messieurs, travaillons à faire de la France révolutionnaire une France royaliste ; soyons tous, sans faiblesse, avec dévouement, avec courage et avec espoir de vaillants soldats du Roi ; et la France démembrée déjà par les fautes de la Révolution ; sur le point (si on n'arrête dans leur marche nos cupides nullités gouvernementales) de perdre cette belle colonie d'Afrique, dernier souvenir laissé au pays par la Royauté ; la France, dis-je, se relèvera glorieuse et forte à l'ombre du drapeau fleurdelisé sous la conduite de celui dont nous fêtons aujourd'hui la naissance providentielle.

Soldats du Roi !

Vive le Roi !!!! (Vive le Roi!)

L'orateur est chaudement félicité par l'assistance.

M. le marquis de Partz donne la parole à M. le comte Hélion de Barreme.

Notre vaillant ami monte à la tribune, et avant qu'il ait prononcé une parole, il est salué par tous les auditeurs qui connaissent déjà sa réputation d'orateur et son talent d'écrivain.

DISCOURS

DU Cte HÉLION DE BARREME

—

Messieurs,

Je suis franc comme l'or et comme le Roi ! Quand je suis entré ici j'y suis entré comme un étranger, votre accueil me prouve que comme naguère les Avignonnais, vous voulez me faire une patrie d'un jour au milieu de vous. Je n'aurais pu trouver un droit de cité plus honorable et plus enviable que celui qui m'est donné dans ce beau pays d'Artois. (Applaudissements.)

Je suis donc ici dans ma patrie parce que je suis au milieu de royalistes ardents et éprouvés, au milieu des fleurs de lys, au pied du buste du Roi. M. le marquis de Partz, votre président, ou plutôt notre président, vous a donné lecture d'une belle et énergique adresse qui résume admirablement nos douleurs, nos espérances, notre fidélité. J'en ai signé plusieurs dans ma vie, je n'en ai jamais signé de plus française et de plus royaliste ! (Applaudissements.)

La dernière phrase m'a rappelé un souvenir(1):

---

(1) Voici cette phrase : Que Dieu exauce nos vœux, qu'il nous rende enfin ce père et ce Roi !

c'était le 13 février 1820. Un homme était couché, percé au cœur par le fer d'un assassin ; le coup était sûr, la victime devait mourir instantanément ; eh bien, par un miracle plus grand encore que celui qu'il allait annoncer, le duc de Berry vit encore sept heures. C'est seulement quand le roi, quand les princes, quand le peuple sont là, qu'il annonce que le sang des rois n'est pas tari, mais qu'il palpite dans le sein d'une héroïne. (Applaudissements.) Et puis il meurt en demandant grâce pour la vie de l'homme. A ce moment, la fille de Louis XVI se penchant sur le mourant :

« — Mon frère, dites à mon père de prier pour la France et pour nous ! (Applaudissements.)

Quand, dans son toast à la Reine, M. le comte de Diesbach a rappelé ces hommes de cœur qui défendirent Marie-Antoinette, je me disais : Si le vieux Diesbach du 10 août sortait de sa tombe, il verrait ici que ses petits enfants sont dignes de porter son nom et capables de suivre son exemple. (Applaudissements.)

Je suis dans une patrie, parce qu'ici on sent et on aime comme dans ma chaude Provence et laissez-moi vous dire que je défie même mes amis de Château-Renard de m'applaudir avec plus de bienveillance et plus d'entrain que vous. (Bravos ! applaudissements !)

Je suis dans une patrie et on est fier d'y être quand on entend des hommes parler comme le chevaleresque marquis de Partz et comme M. Cavrois qui s'appelle chevalier du Pape mais qui, il y a un mois, a été le vaillant chevalier de la France et du Roi. Ce que nos adversaires ont nommé un échec a été seulement un insuccès, glorieux comme une victoire. Avant peu, vous renverrez M. de Partz à la Chambre où il laisse vide une place qu'il a occupée plus de dix ans avec courage et honneur, et vous y enverrez M. Cavrois si digne d'être le compagnon d'armes d'un tel collègue ! (Applaudissements.)

M. Cavrois, dans son toast au Pape, a magnifiquement paraphrasé l'*Exaudiat*. La dernière fois que ce psaume royal fut chanté devant Louis XVI, dans la chapelle des Tuileries, les hommes de cœur, vos pères, y étaient (l'orateur regarde M. de Diesbach), mais il y avait des nôtres, des Français de toute province ; ces courtisans de la suprême heure, sans s'être consultés, après ces mots: *Domine, salvum fac regem;* chantèrent tout d'une voix et tout d'un cœur : *Domine, salvam fac reginam!* Et nous aussi, en priant pour le Roi, nous prions pour la Reine et nous ne séparons pas dans notre respect, dans notre amour, dans notre dévouement Marie-Thérèse d'Henri V, Marie-Thérèse dont on peut dire comme des trois Jeanne qu'elle a « courage d'homme et cœur de lion ! » (Applaudissements.)

M. Cavrois a bien voulu parler de la Provence en des termes qui m'ont touché, il a aussi parlé de nos voisins d'Avignon et rappelé la preuve spontanée et imprévue qu'ils m'ont donnée de leur confiance et de leur estime.

On s'était laissé surprendre par les élections avancées par le gouvernement, — le pays sait aujourd'hui pourquoi, — on n'avait pas de candidat royaliste. La veille même du jour du vote, plusieurs ouvriers se communiquaient leur chagrin de devoir s'abstenir ou de mettre dans l'urne un bulletin blanc.

L'*Union*, de Paris, publiait ce jour-là même une note engageant les royalistes à écrire sur leurs bulletins un nom royaliste quelconque, connu ou obscur, partout où il n'y aurait pas de candidat. Ce journal passe de main en main, on commente ce conseil si sage et qui malheureusement n'a pas été suivi partout; l'*Union de Vaucluse* du soir donne le même conseil, on se décide immédiatement à voter. Il faut un nom royaliste incontestable; quelqu'un dit : « Barreme s'est désisté à Arles, nous le connaissons, il porte le drapeau d'Henri IV et il le tient solidement dans le canton de Château-Renard, prenons son nom. — Mais il a déclaré qu'il n'acceptera de candidature que dans l'arrondissement d'Arles, mais il est absent. — Votons toujours pour lui, s'il se fâche, tant pis ! — Mais il n'y a plus que huit heures avant l'ouverture du scrutin. » — Ah ! Messieurs, nos Provençaux ne se découragent pas pour si peu ! On a travaillé toute la nuit à faire des bulletins, soit à la main, soit à l'aide d'un composteur; le matin, on s'est mis en campagne de distribution.

Les chefs royalistes effrayés, et craignant un échec, dans un sentiment affectueux d'intérêt pour moi, se sont efforcés d'arrêter le mouvement et ils y ont en effet réussi en partie, mais cependant le lendemain, à Marseille où j'étais, je lisais avec surprise le chiffre très élevé de voix que j'avais obtenu sans le savoir et sans le vouloir.

Je ne me suis pas fâché. Comment n'aurais-je pas été reconnaissant à ces admirables ouvriers? Je suis aussi fier de rappeler que leurs rudes mains ont écrit mon nom la veille d'une bataille que s'il avait été tracé par l'épée d'un compagnon de St Louis sur le sable de Tibériade. (Applaudissements, bravos, cri : Vive Barreme !)

M. Cavrois, dans son toast, a parlé aussi des tristesses du Souverain Pontife, de ses périls, de la probabilité de son départ de Rome et de l'impossibilité où il serait, avec le gouvernement actuel de la France, de venir occuper à Avignon ce majestueux Palais qui se souvient de ses Pontifes et qui semble attendre encore une visite de la Papauté !

Vous voyez bien, Messieurs, qu'il faut qu'Henri V revienne bientôt en Roi pour que Dieu règne en maître et que le vicaire de Jésus-Christ puisse au besoin, comme jadis Léon III, trouver dans la patrie de Clovis et de Charlemagne une hospitalité digne du grand Pape et du grand Roi et digne aussi de la France ! (Applaudissements. Cris : Vive le Pape Léon XIII ! Vive le Roi !)

Il faut qu'il règne bientôt sur notre cher pays si éprouvé, si opprimé, si pressuré aujourd'hui, afin de réaliser ce magnifique idéal : la France de Jésus-Christ gouvernée par saint Louis ! (Vive le Roi !)

Oui, malgré ses erreurs, ses infidélités, notre patrie n'est pas indigne d'un regard de miséricorde ; elle jette son or avec une générosité qui surprend le monde, dans toutes les bonnes et les grandes œuvres. La révolution ne ferme pas une école que la libéralité française n'en ouvre une autre à côté ; elle soutient les missions lointaines, elle élève à Montmartre un temple au Sacré-Cœur auquel le Roi martyr, avant de monter au ciel, a consacré le royaume de ses pères. Quant à son sang, elle n'en est pas avare, quand le droit est attaqué ; demandez plutôt à la terre de Castelfidardo et de Patay !

M. de Montalembert disait un jour à la tribune : « Les fils des Croisés ne reculeront pas devant les fils de Voltaire. » Ils ont fait bien mieux, ils ont pris par la main les enfants de Voltaire et ils en ont fait des zouaves pontificaux ! Courage, Messieurs, Dieu aime toujours ses Francs, et dès que la France sera désaveuglée — ce barbarisme est devenu français en passant par la bouche de Marie-Antoinette, — Dieu sera vite apaisé et il nous donnera le sauveur qu'il nous garde. Je le vois déjà qui s'avance avec son drapeau sans tache ; c'est le drapeau de nos pères ; c'est le drapeau de Patay, celui que, dans cent ans, le voyageur français ne sera pas exposé à trouver dans les musées de Berlin ou d'ailleurs. Le Roi qui, enfant encore, réfusait de visiter l'arsenal de Londres parce qu'il savait qu'il y verrait des drapeaux français, peut parcourir tous les arsenaux ; il n'y trouvera jamais le drapeau immaculé d'Henri IV : il est toujours à l'honneur, il est dans les mains de ses fidèles ; jamais au pouvoir de l'ennemi ! (Bravos. — Applaudissements.)

Messieurs, il y a quelques mois, dans une réunion publique, en un pays de ce canton de Château-Renard, qu'on appelle la Vendée du Midi, je saisis le drapeau blanc qui ombrageait le buste du roi et je l'étendis sur l'assemblée enthousiasmée : « Voici le drapeau de vos aïeux, le drapeau de nos grands périls et de nos grandes victoires, le drapeau qui sauvait l'honneur à Pavie et la France à Denain ! Voici le drapeau des grands jours dont nos pères nous ont parlé, jurons de le défendre et, Messieurs, il suffit d'entendre vos accents pour être sûrs de vous, on ne jure pas ainsi fidélité à une cause quand on n'est pas prêt à la défendre jusqu'à la mort. »

(L'orateur, tout en parlant, agite son mouchoir ; tout le monde se lève ; applaudissements, cris : Vive le drapeau blanc !)

Messieurs, je suis encore ici, au milieu de vous, dans une patrie, parce que votre riche et bel Artois est plein de grands et nobles souvenirs.

Votre province est célèbre par sa franchise, par son indépendance virile à défendre ses justes droits et ses légitimes privilèges, par son attachement séculaire et persistant à ses libertés municipales et provinciales. Votre province s'est fait aussi une place dans l'histoire par son attachement loyal, par son dévouement fidèle d'abord à ses anciens comtes et puis à nos rois. Et si Saint-Omer, si bien représenté au milieu de nous, si Saint-Omer a fait cesser les embarras financiers du comte Robert II (1279), ce sont les échevinages, ce sont les chaumières et les châteaux de l'Artois qui ont fourni la rançon du grand vaincu de Poitiers, du Régulus chrétien qui disait que si la bonne foi était bannie du reste du monde, on devrait la retrouver dans le cœur des Rois.

Quand on apprit la perte de la bataille et la prise de Jean II, — vaincu comme M. Gambetta ne saura jamais l'être, —on ne fit pas une émeute, on ne distribua pas les gros emplois, on ne proclama pas la république, — l'opportunisme n'avait pas été encore inventé, — mais on se dit : Tâchons de ravoir notre roi et nous aurons vite repris notre revanche. On raisonnait juste en Artois, on savait que pour réparer ses désastres la première chose à faire pour un peuple c'est de ravoir son Roi. (Applaudissements.) Vos applaudissements me prouvent que les arrière-petits-fils ont autant de bon sens que leurs ancêtres !

Et alors les hommes travaillèrent un peu plus et vos arrière-grand'mères, sans distinction de rang, filèrent une quenouille de plus, « la quenouille du roi Jean. » (Applaudissements.)

Dieu semble récompenser votre pays en le conservant, malgré tout, riche et prospère ! Vous êtes restés dignes de votre compatriote Eustache de Saint-Pierre ; dignes de ces chevaliers qui, au nombre de plus de cent, tombèrent pour la France dans les plaines d'Azincourt ; une seule famille fournit trois héros victimes de leur valeur, les trois Tramecourt, dont je suis heureux de prononcer ici le nom, dans la vaillante demeure d'un noble serviteur du roi qui n'est pas étranger non plus à cette patriotique famille. (Applaudissements.)

Quand Henri V viendra à son tour vous visiter, il donnera à tout l'Artois la devise octroyée par François Ier à la ville d'Ardres : *Brave et fidèle*. Jamais devise n'aura été mieux méritée et jamais devise ne sera plus noblement portée !

Je suis ici dans une patrie, votre dernier comte n'est-il pas devenu notre Roi Charles X, ce prince qui a attaché à la couronne de France comme un fleuron de haut prix cette belle colonie d'Afrique, qui vit mourir saint Louis, après avoir entendu saint Augustin et Tertullien ?

Pendant que Bourmont assiégeait Alger, on entendit une nuit, le jeune Henri s'agiter dans son lit, sans pouvoir dormir et s'écrier :« Que je voudrais aller en Afrique..... Que je serais fier d'en revenir avec une balafre sur la figure comme celle du général Auguste de La Roche-jacquelein ! »

(Ici l'orateur se retourne vers le buste du comte de Chambord.)

Ah ! Sire, si vous alliez aujourd'hui en Afrique vous verriez les hommes funestes auxquels nous devons la perte de l'Alsace et de la Lorraine en train de nous faire perdre encore la conquête de votre aïeul. Ah ! vous reviendriez avec une balafre au cœur !

Aussitôt que le duc de Bordeaux fut né, l'orpheline du Temple se précipita dans la chambre en criant : Où est-il ? Où est-il ?

Eh ! bien, la France écœurée, compromise, fatiguée des misérables qui auront bientôt fait de nous un peuple de malheureux, la France se demande : « Où est-il ? où est-il ? » Messieurs, il est à son poste, fidèle à sa grande mission et attendant le moment de la remplir. Il l'a dit lui-même : « Je saurai attendre, mais je ne me ferai pas attendre ! » Un gentilhomme de mon pays, un de ces serviteurs dont la fidélité héréditaire est tenace comme les rochers de la Provence, M. le marquis de Foresta, a protesté l'an dernier, avec toute la force que lui donne son dévouement et toute l'autorité qu'il doit à la confiance d'Henri V, contre l'idée, que nos adversaires entretiennent et que quelques naïfs acceptent, que le Roi ne tient pas à régner ; une approbation royale est venue publiquement approuver et confirmer cette déclaration du fervent royaliste. Il suffit, Messieurs, de connaître ce prince, qu'un homme d'Etat étranger, dont M. de Diesbach a cité les paroles, appelait *le prince le plus accompli de l'Europe*, pour faire justice de cette calomnie odieuse qu'aucune bouche royaliste ne saurait redire et à laquelle aucune oreille loyale ne doit donner l'hospitalité.

Le Roi veut sauver la France et il est sûr qu'il la sauvera, qu'il la relèvera et qu'il la léguera prospère, glorieuse, respectée à ses successeurs légitimes !

Le Roi attend, avec une impatience toute paternelle, le moment de revenir au milieu de sa famille et l'héritage attend l'héritier !

Le Roi veut revenir et personne à ses côtés ou autour de lui ne songe à refroidir ce généreux vouloir ! Il veut régner sur nous comme ses pères : si le patriotisme ne lui en donnait pas le désir, sa conscience lui en ferait un devoir ! Et aussi il reviendra, et bientôt ! Ou plutôt ils reviendront, la Reine avec le Roi, portant au cœur *cette ardente amour pour son peuple*, dont brûlait l'âme du bon Henri. Le sang de saint Louis n'est arrivé à Henri V qu'après avoir passé par les veines d'Henri IV ! et la Reine est non seulement de la race de la grande Marie-Thérèse, mais elle est la fille d'un père épris de la noble passion de la justice et du droit et qui, dans un petit Etat, fut un grand souverain.

Ah ! je ne sais pourquoi, Messieurs, je pense en ce moment à Reims, que je visitais, il y a deux mois ! Je vois la basilique royale ; elle n'est plus déserte ! On sort la Sainte-Ampoule, le prêtre prépare l'encens et l'on pose les draperies ! Le drapeau de Jeanne d'Arc est à l'honneur à côté du drapeau que nous avons porté, le seul que nous ayons porté, qui en Bretagne, qui en Provence, qui en Artois, qui même à Paris ; comme celui de Jeanne d'Arc il a droit d'être à l'honneur puisqu'il a été à la peine.

Ce cri de : *Vive le Roi* dont, avec une si exquise délicatesse, vous avez salué mes premiers mots, est le cri national de tout l'univers civilisé ! Est-ce un rêve ? Non, Messieurs, c'est l'histoire de demain. Et quand un envoyé royal ira déposer, sur le tombeau de Charlemagne, les draps mortuaires de Charles X et de Louis XVIII (1), les rois de l'Europe se parleront à l'o-

---

(1) Anciennement les rois de France envoyaient, le lendemain de leur sacre, à Aix-la-Chapelle, pour être déposé sur le tombeau de Charlemagne, le drap mortuaire de leurs prédécesseurs. Les deux derniers draps restaient

reille, les peuples surpris se diront : Que se
passe-t-il là-bas, au pays dont nos anciens par-
laient avec respect et effroi et dont on ne parle
plus aujourd'hui ? — et une voix dira : « C'est
un grand peuple tombé qui se relève. »

Et il se fera alors, dans le monde chrétien et
civilisé une acclamation triomphale comme
l'histoire n'en a entendu qué deux fois. Quand
Miltiade et ses compagnons rentraient à Athè-
nes, chargés des lauriers de Marathon après
avoir sauvé les lois, l'indépendance, la liberté,
la civilisation de la Grèce !

Et plus tard, le jour fameux où de Vienne et
de Lépante, un écho victorieux, apportant à
Rome rassurée les noms désormais glorieuse-

---

toujours suspendus au fond du chœur de la cathédrale. Voici le texte de la lettre de Louis
XV, datée de Reims, le 2 juin 1775, au chapitre d'Aix-la-Chapelle en envoyant le drap
mortuaire de Louis XIV :

« A nos très chers et biens aimés les chanoines
et chapitre de l'église royale d'Aix-la-Chapelle.
— De par le roi, très chers et bons amis. Nous
avons ordonné au sieur Papillon de la Ferté,
intendant, contrôleur général de l'argenterie,
menus plaisirs et affaires de notre Chambre et
intendant honoraire de notre ordre royal et mi-
litaire de Saint-Louis, de vous remettre le présent qu'à l'exemple des rois nos prédécesseurs
nous avons résolu de faire à votre église à l'occasion de notre sacre. Nous aimons à renouveler
cet usage ancien en faveur d'une basilique fon-

ment immortels de Sobieski et de Don Juan, avertissait la chrétienté que tout en gardant dans nos litanies l'invocation : *Secours des chrétiens, priez pour nous*, il était temps d'en effacer la supplication lamentable « *à furore Turcorum libera nos, Domine !* » Ces acclamations nous les entendrons, à notre tour. Nous entendrons tous ceux qui ont souci de la liberté, de la patrie, du foyer, saluer le sauveur qui délivrera la France des barbaries plus odieuses et plus dangereuses : le sensualisme oriental, devenu, en France, la corruption froidement systématique et la coutume des musulmans de ravir des enfants chrétiens pour en faire des janissaires et les envoyer un jour en guerre contre

---

dée par un de nos grands rois de la monarchie française, pour être le centre de l'union des peuples soumis à son empire, et nous ressentons un véritable plaisir, en nous acquittant d'un devoir de reconnaissance envers la majesté divine, de pouvoir en même temps vous donner une marque de l'affection et de la bienveillance que nous avons pour vous. Nous nous remettons à cet égard à ce que le sieur Papillon de la Ferté vous dira de notre part et vous prions d'être persuadés de l'intérêt sincère que nous prendrons toujours à la conservation de l'ancienne splendeur de votre église et aux avantages de votre chapitre. Sur ce nous prions Dieu qu'il vous ait, très chers et bons amis, en sa sainte garde.

« Signé : Louis. »

les chrétiens, formulées officiellement dans le prochain programme du prochain ministre de l'instruction publique. (Applaudissements.)

Cette acclamation saluant la délivrance, elle partira surtout de ces rangs populaires où, — je parle du moins de mon pays, — le feu sacré, le ferment généreux des saintes traditions s'est peut-être gardé avec le plus de désintéressement et de fidélité.

En effet, amis prétendus et bruyants du peuple, quelle sollicitude montrez-vous pour ces ouvriers que vous appelez pompeusement vos frères quand vous avez besoin de leurs épaules pour mettre le pied à l'étrier et que vous éclaboussez ensuite ? Qu'avez-vous fait pour protéger le travail national ? Qu'avez-vous fait pour faciliter leur vie matérielle et celle de leur famille ? Mais ne savez-vous pas que, dans nos villes, l'ouvrier ne mange et ne boit que des aliments et des boissons falsifiées, que c'est, — suivant le mot d'un chimiste distingué, — un véritable empoisonnement.

Quant à l'empoisonnement moral, il est plus général et plus complet encore !

Oppresseurs de la religion de mes pères et de mon pays, c'est avec votre complicité, c'est de votre aveu tacite, qu'on prêche au peuple ces doctrines subversives de toute foi et attentatoires à toute pudeur, à tout respect pour la sainteté de la famille ! (Applaudissements.)

Ouvrier, ouvrier français, pendant que tu gagnes chrétiennement et noblement ton pain, à la sueur de ton visage, ta femme et ta fille sont exposées, en allant acheter tes aliments du soir, ta femme et ta fille sont exposées à se voir jeter, dans les mains et sous les yeux, des gravures, des écrits que toi-même tu ne pourrais regarder sans rougir, — je l'ai vu, j'ai vu ce spectacle ignominieux, de mes propres yeux vu, dans les rues de Paris, et cependant il y a, au ministère de l'intérieur, une direction du colportage ! M. Constans ne pourrait-il pas prêter à S. E. M. le ministre de l'intérieur ses fameuses pompes désinfectantes ? (Applaudissements.)

Ce que je dis, je l'ai vu et j'ai fait mon devoir ; vous n'en doutez pas, n'est-ce pas ? (Cris : Non ! non !)

Ah ! si tu étais là, homme de labeur et d'honneur, ton bras fatigué se lèverait pour une répression juste, méritée et salutaire.

Notre-Seigneur Jésus-Christ a dit : « Laissez venir à moi les petits enfants ». Nos proconsuls n'ont pas de plus grande sollicitude que d'éloigner les enfants de Dieu, c'est-à-dire de tout ce qui peut les rapprocher de leur famille et les encourager à remplir leurs devoirs envers la société et la patrie. (Applaudissements.)

Nos enfants ! Il paraît que, de nos jours, le laurier est comme le galon, on n'en saurait trop prendre quand une fois on en a pris ! Il paraît que la couronne obsidionnale du duc de Frigolet tente toutes les ambitions opportunistes ! Après le siège de Frigolet, le siège de l'âme de nos enfants ! Nos enfants on les attaque de tous côtés et à tout âge !

A l'armée, — ce tribut de la conscription, aggravé encore par la République, est déjà bien odieux ; pour nous, pères de famille chrétiens, on le rend plus odieux encore ; — à l'armée, nos enfants, vos enfants, Messieurs, qui tombent, par milliers, victimes des fièvres et des privations, suites de l'excellente administration du général Farre, nos enfants, nos chers enfants dont la naissance a causé tant de joie et donné tant de rêves heureux, ils meurent en Afrique, sans prêtres pour les consoler, pour les bénir et pour écrire à leur mère, ce qu'écrivait lui-même à sa mère si chrétienne, si forte, si courageuse, mon héroïque cousin, Hélion de Villeneuve-Trans : « *Ma mère, je meurs en état de grâce !* » Pour ma part, je n'ai pu lire sans larmes, il y a quelques jours, dans la *France nouvelle*, n° du 2 septembre, le tableau saisissant du désespoir d'une mère, en apprenant que son fils venait de mourir, en Afrique, sans un prêtre pour l'absoudre et le bénir ! Dieu juste, n'en doutons pas, a reçu cet enfant de race chrétienne, mais qui consolera sa malheureuse mère ? Puissent ses larmes maternelles retomber comme une malédiction sur nos maîtres et appeler la miséricorde de Dieu sur notre pays !

Comment, puisque je suis à parler de despotisme, comment ne pas parler de ces examens obligatoires où nos enfants sont interrogés par des examinateurs très laïques et très obligatoires !

On a posé à des jeunes enfants, dernièrement, à des jeunes filles, vos filles et vos sœurs, Messieurs, de ces questions que je n'ose pas redire ici ; et cependant nous sommes entre hommes !

Je ne crains pas de démenti ! Je citerais les textes, je dirais les noms des hommes et des villes !

J'aperçois ici avec bonheur des représentants de la presse énergiquement catholique et royaliste, et il n'en est pas un qui me refuserait les colonnes de son journal pour faire la preuve des faits !

Je profite de l'occasion pour saluer ces soldats des justes batailles ; la plume est, en leur main, une épée de chevalier ! Je puis dire de chacun d'eux, ce que mon illustre ami, Frédéric Mistral, a dit, dans la langue du roi René, d'un maître illustre et aimé, M. le comté de Pont-Martin :

È Dins Siù librè argentin
Sa plume d'or es un' espaso !

(Applaudissements.)

Et ce que je déplore n'est rien à côté de ce que demain nous prépare !

Demain, le ministre de l'instruction publique s'appellera Paul Bert. Il a préparé ses décrets ; lui aussi, il a découvert, à son tour, des *lois existantes*, comme ce Jules Ferry dont on ne parle plus : sa place est déjà préparée dans la salle des *momies politiques !* Vous connaissez, Messieurs, le programme de notre futur ministre : il a trouvé un système pour rendre les chiens aphones, mais il n'empêchera pas nos protestations de se faire entendre ! Il ne dépend pas de lui de faire de nous des chiens muets, comme parle l'Ecriture!

Il a sa loi toute prête ; et elle sera votée !

Et on viendra, chez nous, à nos foyers, devant nos femmes, devant les images des ancêtres qui gardent les berceaux, on viendra chercher nos fils et nos filles pour les conduire, malgré nous, dans des écoles sans Dieu où on leur apprendra à détester et à blasphémer ce que nous avons toujours aimé et respecté ! (Applaudissements.)

Aucun de nos enfants ne doit leur échapper ; tous ils seront réquisitionnés pour aller apprendre à renier le Dieu de leurs ancêtres et oublier cette foi qui, à douze ans, nous jetait confondus et ravis devant ce Dieu qui visitera notre dernière heure et qui, ce jour suprême surtout, sera le Dieu de notre première communion !

Ils viendront, un matin, nous demander nos enfants de cinq ans pour former leurs cœurs. Il faut bien préparer une France à leur taille, à leur image et assez avilie pour les subir !

Ah ! quels enfants vont-ils nous rendre ? J'aperçois ici des jeunes gens ! jeunes gens, vous qui voyez, à vos foyers, sous les traits de vos mères, la plus aimable image de la femme chrétienne, de la femme forte, nos instituteurs obligatoires vont vous préparer de drôles de compagnes ! Debout, jeunes hommes, et défendez, avant d'avoir reçu leur anneau, celles qui porteront votre nom et seront les mères de vos enfants ! (Applaudissements.)

Vous aussi, Messieurs, vous saurez défendre l'indépendance et la dignité de votre autorité paternelle !

Ce qui m'a le plus charmé, en visitant votre pays, ce sont ces cimetières gracieux qui parlent d'espérance et d'immortalité placés à la porte de vos églises ; les tombes ne sont jamais abandonnées ! Eh bien, je me suis dit : Un peuple qui respecte ainsi ses morts ne livrera jamais ses enfants !

Pour ma part, j'ai des enfants, j'ai une enfant qui va avoir cinq ans et j'ai déjà fixé la manière dont je recevrai ces collecteurs d'un nouvel et inique impôt.

Et je connais assez mon pays pour être assuré que le jour où un père de famille viendra lever, devant une cour d'assises, le poignard ensanglanté de Virginius, il ne se trouvera pas un jury pour le condamner ! Le code pénal ne peut rien contre cette loi, qui n'est pas écrite sur un parchemin éphémère, mais tracée sur l'airain de la conscience humaine et que tous les siècles, en différents idiomes, ont appellée *loi naturelle.*

Ainsi nos maîtres sont avertis !

Si on voulait donner à vos poulains une éducation capable d'altérer la pureté ou la vigueur de votre belle race boulonnaise, vous ne le souffririez pas.

Et pas un Artésien ne subirait pour ses enfants ce qu'il n'accepterait pas pour ses chevaux ! (Cris : Non, non !)

Ce matin, Messieurs, je pensais à ces choses douloureuses et menaçantes, en voyant tous ces fidèles, toutes ces femmes réunis à l'église des Ardents, je pensais à ces vaillantes Polonaises, éprouvées, elles aussi, par la persécution, dans leur foi et dans leur liberté, j'entendais, à travers le temps et la distance, leurs voix courageuses et leur cantique national : « *Grand Dieu, rends-nous la patrie, rends-nous la liberté !* » Et vous, épouses et mères de l'Artois, vous demandiez, ce matin, à Dieu, de vous rendre le Roi qui relèvera notre patrie et nous rendra à tous la liberté et la dignité !

Quand la liberté religieuse est diminuée en France, elle souffre et elle est menacée dans le reste du monde, c'est pourquoi tous ces millions de chrétiens qui récitent chaque jour le *Pater*, prient sans le savoir, peut-être même sans le vouloir, chaque fois qu'ils appellent le règne de Dieu « *adveniat regnum tuum* » pour le retour du Roi et le renversement de la République. (Applaudissements.)

Soyez tranquilles, Messieurs, ces prières sont ferventes, pressantes et elles seront bientôt exaucées. Malgré tous les *vivats*, la République mourra, le jour où commencera le règne du Roi, de l'honnêteté, de la liberté et elle ne ressuscitera jamais plus ; nous lui creuserons un de ces sépulcres qui ne se rouvrent jamais et qui sont gardés contre toute résurrection possible par l'exécration publique. (Applaudissements, cris : A bas les crocheteurs ! A bas les voleurs d'enfants.)

Libre à ceux qui, s'ils ne vivent pas et surtout ne sont pas prêts à mourir pour la France, vivent de la France et sur la France, libre à eux de dresser partout, jusque dans le moindre de nos hameaux, des statues à la *Marianne*, avec cette inscription : R. F., qui veut dire : *République française*, ils n'empêcheront pas le bon sens public de traduire, avec une audace implacable qui aurait charmé Tacite et surpris Thraséas lui-même, de traduire ainsi ces deux ettres fatales : RAPACITE ! FRIPONNERIE ! Bravo ! bravo ! Vive Barreme !)

Je suis vraiment honteux, Messieurs, d'abuser ainsi de votre patience. Notre président devrait vous rendre le service de me retirer la parole et, quoiqu'il n'y ait pas ici de petit local, je me soumettrais de bonne grâce. (Non, non, continuez, nous vous écouterons tant que vous voudrez parler !)

Les oppresseurs de la France sont aussi les trompeurs de la France ! ils ne craignent pas de promettre la fameuse *poule au pot* d'Henri IV ! Il est si facile de tout promettre quand on a toute préparée une grasse retraite à Saint-Sébastien ou ailleurs, le jour où la France sera révoltée, — et je trouve sa patience bien longue à elle, jadis si chatouilleuse en fait de dignité, de liberté ! — et épuisée.

Épuisée, hélas, Messieurs, nous marchons, en train rapide, vers le jour où l'on devra reprendre, sur la tombe de Robespierre, la planche aux assignats.

Je ne puis m'empêcher de frémir en comparant le budget de 1882 à celui de 1871, et attendons les ruineuses surprises du budget de 1883 qui nous présentera à payer la note de centaines de millions non votés, pour soutenir une guerre non autorisée par les Chambres et qui, si elle est lucrative, ne le sera sûrement pas pour la bourse des contribuables !

Je ne suis pas un clerc en finances, — si j'avais cette prétention, mes amis s'en moqueraient comme nous nous moquons tous des connaissances militaires, géographiques de M. Gambetta et de ses dissertations sur les races chevalines ! — je suis loin d'être expert en matière financière, mais enfin je ne puis pourtant pas fermer les yeux devant les chiffres, sous prétexte que je serais incapable d'être ministre des finances ou même un simple banquier.

Ainsi, en 1871, le total des crédits pour le traitement des fonctionnaires de l'Etat était de 253 millions, et aujourd'hui, en 1881,—après dix ans de République, avec des fonctionnaires vraiment républicains, on en a fait minutieuse et sévère épuration, — le total de ces mêmes crédits s'élève à 332 millions, soit une augmentation de 79 millions.

Chaque année, notre budget ordinaire s'accroît de plus de 50 millions, je ne parle pas de celui de 1883 sur lequel aura passé le vent d'Afrique !

Quand, il y a quelques semaines, M. le ministre des finances a exposé ses recettes ordinaires, — ce qu'en terme officiel on appelle des recettes, c'est ce que nous appellons des charges, ce sont des recettes faites sur nous, — au lieu du chiffre prévu de 2,736 millions, ces recettes se sont trouvées être de 2,979 millions. Vous voyez que tout est bénéfice, excepté pour les pauvres contribuables.

Quant à nos dettes ! nos gouvernants sont trop grands seigneurs, pour s'occuper de ces vétilles ; 947 millions de découvert, 1,061 millions de dette flottante, 1,081 millions d'obligations ; trois petits milliards en tout, qu'est-ce que cela? 950 millions à emprunter pour faire face aux dépenses votées jusqu'à la fin de l'année ! Laissons de côté les dépenses non votées et faites déjà sur cet exercice. On assure que M. Magnin, ministre des finances, qui pourtant gouverne avec des gens chargés déjà de graves responsabilités et qui aura à répondre avec eux, devant les tribunaux, à nos légitimes et implacables revendications, on assure que M. Magnin, effrayé lui-même de la responsabilité, a voulu donner sa démission !

L'intérêt de la dette publique s'élève à 1,261 millions d'intérêt, — un chiffre plus élevé que le budget tout entier de la Restauration et presque aussi élevé que le budget de l'Autriche et de l'Allemagne ! Je ne dis rien des charges que nous imposent les centimes additionnels, votés à la baguette, pour ouvrir des écoles laïques, obligatoires, gratuites !

Elles sont gratuites, en ce sens qu'on ne nous demande rien pour payer les mois d'école de nos enfants, mais qu'on prend beaucoup plus dans nos poches et cela *laïquement* et *obligatoirement*.

Je ne parle pas des prodigalités du ministère de la guerre et des virements des fonds pour dépenser en Afrique ce qui doit être dépensé en France. M. de Rochefort a rendu hommage dans l'*Intransigeant* au talent de M. Farre dans ce genre d'exercice.

Ainsi il fait annoncer triomphalement par l'officieuse *Agence Havas*, que le 1er septembre il lui restait en caisse 163 millions ! Mais la somme qui devrait rester, c'est 190,092.561 fr.

D'après le dernier budget, l'armée d'Afrique devrait être de 52,208 hommes tandis qu'à cette heure elle se compose de 101,172 hommes. M. le ministre de la marine se trouve à court, on ne se presse pas de réunir les Chambres et d'ailleurs on ne peut pas encore le faire légalement. Il a pourtant besoin de trente millions, toujours pour la guerre sur laquelle la représentation du pays n'a pas été consultée, qu'imagine-t-il ? Tout simplement de réduire notre marine déjà trop faible : il va, par exemple, faire disparaître certaines batteries flottantes, l'*Arrogante*, certains gardes-côtes cuirassés, comme le *Bélier*, des canonnières et chaloupes-canonnières, comme *Décidée*, *Arbalète*, etc., en tout une centaine !

Pour me résumer, le budget prévu de 1882 est de 4,355 millions ; je ne parle pas de l'imprévu et tout me donne à penser qu'avant peu nous en parlerons avec admiration et regret comme d'un budget modeste !

En revanche, nos richesses industrielles ne vont pas en augmentant, puisque cette année le chiffre des importations étrangères dépassera de 1,500 millions le chiffre de nos exportations.

Vous voyez, Messieurs, que nous sommes plus près de la banqueroute que de la *poule au pot!*

    « Ce n'est pas la peine assurément
    « De changer de gouvernement »

chante-t-on, dans une pièce connue.

Je trouve pour ma part que c'est la peine et de changer le plus tôt possible ; il y va du salut de la France !

Vous voyez, Messieurs, que ces voleurs d'enfants ont dressé leurs tentes dans la rue Quincampoix ! Mais nous tous, propriétaires et travailleurs, nous sauvegarderons également la fortune publique et l'autorité domestique !

Ce laboureur que vous, plébéïens enrichis et égoïstes, vous regardez comme un simple et crédule instrument électoral, il a sa généalogie, ses souvenirs, ses reliques de famille, il aime le soir à parler aux siens de ceux qui, avant lui, ont vécu et vieilli avec honneur dans le même labeur, et sont morts avec piété et sérénité dans la même chaumière ?

Il aime à vanter à son jeune fils qui, lui aussi, sera un jour un ancêtre, les vertus de ses pères. Il est fier, et il en a le droit, de ses quartiers populaires et des générations de cultivateurs qui l'ont précédé. Oh ! fils d'une race pauvre, mais honnête et honorée, je t'ai rencontré souvent et j'ai souvent serré ta main sincère qui s'était posée dans celle de mon père, je connais ton orgueil de caste à toi. Tu gardes avec dévotion la charrue laborieuse qui a nourri ton enfance et qui nourrit tes enfants comme les premiers barons chrétiens gardaient la glorieuse épée de connétable, des Anne et des Mathieu de Montmorency.

Cette tradition, ces souvenirs, ce culte de la famille, voilà ce qui sera notre sauvegarde contre les passions mauvaises !

Et la liberté ! Et la propriété !

Je les ai vus à l'œuvre, les hommes qui sont le fléau de mon pays. Je suis et je serai jusqu'au bout contre eux, un témoin devant les hommes d'abord et devant Dieu ensuite !

Je les ai vus au petit jour, — l'heure favorable aux malfaiteurs, — ils venaient avec des

haches et des marteaux, suivis de sbires et de
serruriers. Messieurs, dans la ville de mes
aïeux, dans la ville où j'ai été baptisé, à Tarascon, on n'a pu trouver un seul serrurier et
il a fallu aller chercher ailleurs et bien loin ! Je
sais qu'il y a ici des serruriers artésiens qui auraient le droit de serrer fraternellement la main
aux serruriers tarasconnais. (Applaudissements.
— Deux ouvriers se lèvent et l'orateur leur
adresse les plus chaleureuses et les plus hono-
rables félicitations. — Applaudissements redou-
blés.)

Ils venaient accomplir leur répugnante mission et ils croyaient que c'était du bois et du
fer qu'ils allaient frapper, des portes qu'ils allaient briser ! Malheureux, arrêtez-vous, il est
temps encore, vous allez frapper sur le cœur de
la France. Un orateur célèbre, sur la tombée
du siècle dernier, a dit au Parlement d'Angle-
terre : « Il est vrai que le sang français a été
seul répandu, mais l'honneur anglais a coulé
par tous les pores ! » Eh bien ! Messieurs, ce
jour, que je n'oublierai jamais, l'honneur français a coulé à pleines veines sous les coups des
crocheteurs officiels !

L'honneur français ! Savez-vous ce que nos
maîtres d'un jour en ont fait, savez-vous comment ils l'ont blessé dans ce qu'il a de plus dé-
licat ? Ils ont osé employer nos admirables soldats pour en faire les exécuteurs de leur im-
monde besogne ! Nous étions deux mille, plus de
blouses que d'habits, dans la vieille abbaye
qui porte le nom de Saint-Michel dont ce jour
ramène la fête et qui, depuis soixante et un an,

est doublement le patron de la France ! (Applaudissements.)

Le crime allait s'accomplir ! On vint à moi et on me dit : « Plus de quatorze cents femmes entourent le monastère. — Quoi d'étonnant, elles sont provençales et ont appris de nos saintes Marthe, Marie-Madeleine et les autres saintes Marie, comment on proteste par sa présence contre les forfaits destinés à soulever d'indignation le genre humain !

— Mais elles veulent vous voir, elles vous demandent. »

Je me hissai au haut de nos remparts inoffensifs et fragiles, je voyais des gendarmes pleurer parce qu'ils assiégeaient leurs parents qui étaient avec nous les tenants du droit et les témoins du crime ! Les officiers, les soldats étaient pâles, ils comprenaient tout et je criai : Vive l'armée ! Vive la gendarmerie ! Vive la France ! Vive la liberté ! Ce qui en un mot voulait dire, à bas la République qui humilie l'armée, qui ruine la France et qui confisque toutes les libertés.

Devant moi se tenaient près de quinze cents femmes qui m'appelaient par mon nom et me demandaient si leurs maris faisaient leur devoir.

« — Ah ! vaillantes et nobles Provençales ! vos maris, ce sont de vrais chevaliers ! Il faudrait écrire leur nom à tous, à Versailles, dans la salle des croisades ! Et vous, vous m'apparaissez, en cette heure douloureuse, comme l'image désolée de l'auguste faiblesse de l'Eglise que M. de Montalembert, en un discours immortel, a comparée à une femme et à une mère !

Femmes, vos maris, nous les voyons; leurs cœurs battent contre les nôtres, nos mains se contiennent avec peine comme les vôtres !

Mères ! vous êtes ici avec vos enfants. »

L'attentat allait se perpétrer ; je fis approcher les petits enfants les plus proches et je leur dis : « Enfants de mon pays, encore un instant et vous assisterez à la plus brutale violation d'un droit sacré, inscrit dans tous les codes ! Vous voyez leur drapeau, ce n'est pas le nôtre, ce n'est pas celui que vos pères ont porté, en 1814, en 1815, au-devant de nos princes ! Enfants, vous grandirez, et je me fie à vos nobles mères pour vous empêcher d'oublier la tragédie dont vous êtes aujourd'hui les témoins ! Vous reviendrez ici en des jours meilleurs, vous y reviendrez aussi quand nous ne serons plus et que vos cheveux auront blanchi ; conduisez alors avec vous vos petits enfants; racontez-leur ce qui va se faire bientôt d'odieux, d'inique, de honteux, apprenez-leur à haïr la République et à la combattre jusqu'à la mort ! »

Le lendemain, plus de dix-huit mille têtes, à Tarascon, s'inclinaient devant les confesseurs de la liberté, devant les proscrits ! Je conduisais un de ces religieux. Arrivés sur le cours, tout le monde tombe à genoux devant l'expulsé ; il me prend la main : — J'ai servi vingt ans sous les drapeaux ; je suis alsacien, j'ai opté pour la nationalité française, eh bien ! si c'était à recommencer je ne recommencerais plus! Et le peuple d'un seul cœur et d'une seule voix a crié : Père, priez pour le retour du Roi ! Et le religieux a répondu simplement et à voix basse : *Il reviendra.* (Applaudissements.)

On prépare de grands projets de confiscation contre les ordres religieux non reconnus. Nos gouvernants procèdent comme le jeune Horace : ils veulent nous tuer séparément et par catégories.

On va commencer par le haut de l'échelle ; nous sommes au bas, nous autres propriétaires, mais notre tour viendra.

D'ailleurs la confiscation existe déjà, à l'état latent, et avec nos droits iniques sur les successions naturelles, chaque demi-siècle le prix de l'héritage paternel revient au fisc ! (Applaudissements.)

En un mot, voici en résumé notre situation. M. Jules Grévy règne et M. Gambetta gouverne comme un maire du palais républicain : aggravation des charges publiques, diminution des libertés publiques et affaiblissement de notre influence en Europe. Voilà la situation !

Enfin, un journal opportuniste, la *République française*, a prononcé elle-même, sans le vouloir, la sentence capitale de l'opportunisme :

« Un parti sans honneur ne peut longtemps s'imposer à la conscience publique. » (1).

----

(1) Avec la même franchise qui l'honore, le même journal dit, à propos du président des Etats-Unis d'Amérique, le général Garfield : « Il avait mis le doigt sur CETTE PLAIE DU PARTI RÉPUBLICAIN, sur cette SOIF D'ACCAPAREMENT DES EMPLOIS PUBLICS, qui rend chaque jour sa suprématie politique plus contestée. »

Ah ! Messieurs, si mauvais que soient les jours que nous traversons, si pénible que soit la tâche de ceux qui résistent au torrent qui semble devoir tout emporter : les croyances, les mœurs, les garanties, la patrie même, nous demeurons tranquilles dans la sécurité de nôtre droit défendu et de notre devoir accompli. (Applaudissements.)

Nous savons que le triomphe définitif sera pour les honnêtes gens et la honte, le châtiment, la flétrissure pour les violateurs hypocrites ou brutaux de tout ce que les peuples civilisés ont coutume de respecter !

Il en a toujours été ainsi dans le monde ! (Applaudissements.)

Nous assisterons, il est vrai, à de rudes moments, peut-être même à de terribles batailles — et nous n'y serons pas l'arme au bras, — mais nous ne verrons pas la fatale journée de la France !

Je ne base pas ma foi, ma foi invariable et invincible, sur ces prophéties contestables qu'on trouve dans les almanachs et qui, dans les temps troublés, occupent les cervelles troublées ! Non, Messieurs, je n'interroge pas l'avenir avec la lorgnette de Nostradamus, mais avec le regard de Bossuet et de Joseph de Maistre ! (Applaudissements.)

La France ne périra pas, parce que Dieu a encore besoin d'elle pour faire ses gestes dans le monde.

Dieu s'est toujours servi d'un bras de chair pour accomplir ses œuvres.

D'abord le peuple juif pour donner une patrie

terrestre à son fils, après l'avoir annoncé par ses prophètes et l'avoir fait précéder dans sa généalogie humaine par ses plus grands rois !

Le peuple romain ensuite qui, en ouvrant des voies fameuses pour la marche de ses légions ou le triomphe de ses consuls victorieux, ne se doute pas qu'il n'est que le précurseur d'une puissance plus grande : qu'il travaille à faciliter la prédication de l'Evangile et que les arcs de triomphe qu'il élève verront passer moins de Césars que de Souverains Pontifes !

Et enfin le peuple français adopté par Dieu sur un champ de bataille. Ce peuple destiné à devenir un jour la nation chevaleresque et à porter pour devise : *Mon Dieu, Mon Roi, Ma Dame*, devait rencontrer une femme à ses fonts baptismaux. Le Dieu de Clotilde lui a donné à la fois à Tolbiac la lumière, la victoire et une incomparable marraine ! Sainte Clotilde nous est depuis restée fidèle et, dans nos jours difficiles, elle nous a délégué d'illustres et d'utiles patronnes : Sainte Geneviève, Jeanne d'Arc, et a toujours allumé dans le cœur de nos reines la flamme généreuse qui brûlait dans le sien !

Pourquoi Dieu nous a-t-il donc élus ?

Il nous a choisis pour tailler avec l'épée de Pépin et de Charlemagne un domaine où la Papauté puisse trouver l'indépendance temporelle indispensable à l'exercice de son pouvoir spirituel ! Quelle plus magnifique mission !

Savez-vous pourquoi il est essentiel que sur un point déterminé du globe les pouvoirs soient réunis sur une même tête? C'est pour qu'ils restent séparés dans le reste du monde ! (Applaudissements.)

C'est pour éviter ailleurs *le gouvernement des prêtres*, qui n'a jamais existé chez nous, j'en prends à témoin tous les historiens de bonne foi, même quand le premier ministre était un cardinal — et nos ministres cardinaux ont dans notre histoire nationale une page que n'auront sûrement pas nos ministres libres-penseurs — même quand le premier ministre était un cardinal, on ne trouve dans le reste de l'administration aucune trace de l'influence des prêtres !

La France est le soldat, le vidame de l'Eglise, et quand on a dépouillé le Pape on a blessé la France au plus profond de son cœur, et je me souviens combien le coup fut douloureusement ressenti en Provence. (Vivent les Provençaux !)

Messieurs, j'enverrai vos acclamations à mes concitoyens. En retournant au milieu de mes frères d'armes, en entendant leurs cris de : Vive le Roi ! je leur dirai : Mais il me semble être encore en Artois !

Non, Messieurs, la France ne périra pas parce qu'elle est le lieutenant de Dieu dans son action visible.

Dieu qui a établi la France pour instituer et sauvegarder l'indépendance temporelle de son vicaire, Dieu a préparé à la France un sauveur. (L'orateur se retourne vers le buste du comte de Chambord.)

Il y a soixante et un an aujourd'hui, il se préparait un instrument pour exercer ses miséricordes sur notre peuple.

Nous ne pourrons comprendre ce que fut la joie du pays tout entier le jour de la naissance de ce sauveur qu'en assistant aux joies de son retour.

Au nom de tout le corps diplomatique, le nonce du Pape, — depuis cardinal Macchi, dont le nom est si noblement et si fidèlement porté dans la plus haute prélature et près de Léon XIII, par son digne neveu, — Mgr Macchi, l'appelait l'enfant de l'Europe, et l'empereur de Russie, par une lettre célèbre, ratifiait ce titre (1).

Bientôt nous entendrons le vicaire de Jésus-Christ l'appeler, au nom de la chrétienté et du consentement de l'Europe : le sauveur de l'Europe.

Quand le duc de Bordeaux était donné à la France on sentait qu'il était donné aussi à l'Europe. De même qu'on avait dit dans l'univers, en apprenant la mort de Louis XIV : Le Roi est

---

(1) Voici le discours du nonce :

« Cet enfant de souvenirs et de regrets est « aussi l'enfant de l'Europe. Il est le présage et « le garant de la paix et du repos qui doivent « suivre tant d'agitations. »

L'empereur de Russie, Alexandre Ier, écrivait de son côté à Louis XVIII :

« La naissance du duc de Bordeaux est un événement que je regarde comme très heureux pour la paix et qui porte de justes consolations, au sein de votre famille. Je prie Votre Majesté de croire que je ratifie le titre d' « *enfant de l'Europe* » dont on a salué M. le duc de Bordeaux.

mort ! le 29 septembre 1820 on disait : Le Roi est né !

Et cela cinq ans après Waterloo ! Douze ans ont passé sur nos désastres, voyez si la diplomatie a les yeux tournés vers l'Elysée ou vers Mont-sous-Vaudrey, pour savoir combien M. Jules Grévy a tué de lapins ou combien il a acheté de maisons !

Quand « l'enfant du miracle », ainsi l'avaient baptisé les grands poètes du siècle, sortit des mains des femmes, en le remettant à son gouverneur, Mme la duchesse de Gontant écrivait à celui-ci : « *Je n'ai jamais vu un cœur plus loyal.* »

Et nos aïeux et nos aïeules chantaient :

Il a sept ans, c'est son jour de naissance.
Il a sept ans l'espoir de nos enfants.

Eh bien ! cinquante quatre ans ont passé : les vieillards ne sont plus, les enfants sont devenus des vieillards, et Henri-Charles-Dieudonné d'Artois, — votre nom, le nom de votre province, Messieurs, — est encore l'espoir des enfants comme des pères ! (Applaudissements.)

Nos chers enfants, plus heureux que nous, grandiront à l'ombre tutélaire du trône de St-Louis relevé, rajeuni, et notre âge mûr consolé, ne cessera de bénir ce Prince que M. de Diesbach, en citant un homme d'Etat étranger, appelait : « *le Prince le plus accompli d'Europe*», et dont le duc de Cambridge écrivait : — Henri de France n'avait encore que dix-neuf ans. — *Il n'a pas dit un mot qui ne fût juste, il n'a pas fait un acte qu'on pût blâmer* ! (Applaudissements.)

Voilà le sauveur !

Il est là ! (L'orateur montre le buste du Roi.)

Et la France ne périra pas ! (Applaudissements.)

Mais, ne l'oublions, pas, Messieurs, les peuples n'ont que les gouvernements qu'ils méritent ; n'oublions pas que si nous voulons que Dieu nous aide beaucoup nous devons nous aider un peu !

Un maire de Paris, qui fut l'ancêtre de tous les centres, droit ou gauche, et dont la tête tomba avec tant d'autres sous le fer de la guillotine, dit un jour à Louis XVI, en lui remettant les clefs de Paris : « *Sire, la France a reconquis son Roi.* » Cette phrase était, dans la bouche de Bailly, une impertinence ou une niaiserie.

Mais je ne crains pas de proclamer bien haut, aujourd'hui, que c'est à la France à reconquérir son Roi ! (Applaudissements. — Vive le Roi !)

Nous le conquerrons, ce prince, qui sera Henri IV second !

Nous le conquerrons par notre esprit de discipline que M. de Franssu vous a recommandé avec un accent, avec une éloquence, dont cette salle est chaude encore et qui m'a inspiré le courage de prendre la parole, après les orateurs qui m'ont précédé. La discipline est facile quand l'autorité est si bien représentée ! (L'orateur désigne M. de Partz. — Applaudissements.)

Nous le reconquerrons, notre Roi bien aimé, par l'union de tous les honnêtes gens. Au moment du combat, nous serrerons les coudes;

mais en attendant, nos rangs et nos cœurs sont ouverts à toutes les bonnes volontés, à tous les patriotes. Déjà nous avons fait, en grand nombre, de précieuses recrues.

Quand le fils de Napoléon III a trouvé une mort glorieuse sur la terre lointaine, j'écrivis à un des hommes les plus loyalement dévoués à l'Empire dont j'ai toujours combattu les institutions, pour lui exprimer la sympathie et le respect d'un royaliste de vieille roche et de vieille race pour son deuil si légitime, — et je sais que, ma lettre est allée trouver dans son exil la veuve désolée et la mère inconsolable, — je lui disais, en finissant: « Qui sait si, du haut du ciel, celui que vous pleurez si légitimement ne soufflera pas à ses fidèles une de ces inspirations généreuses qui, en un grand péril, suffisent pour sauver un grand peuple ! »

Cette inspiration, plusieurs l'ont reçue et aujourd'hui nous avons le bonheur de les sentir à nos côtés prêts à combattre, sous le drapeau du Roi, pour la France et pour le Roi.

Ah ! ils n'ont rien trahi, ces nobles hommes ! Ils n'ont pas renié leur passé, ils ont confondu leur avenir, leurs espérances, leurs efforts avec les nôtres.

Oublier ce qui leur inspira tant de foi et d'affection ! Mais ce serait un crime, comme le Roi lui-même l'a dit à M. le baron Tristan Lambert, et ce n'est pas dans notre camp, le camp de la vieille fidélité qu'ils auraient appris à devenir ingrats et infidèles !

Non, ils gardent leur deuil, ils conservent pieusement dans leur cœur la mémoire de l'héroïque jeune homme qui a laissé dans ses écrits une prière que saint Louis aurait pu signer et dont la mort a été si courageuse et si française.

On a dit que l'Empire était une forme de la Révolution ; cela est incontestable ; mais la plupart des impérialistes étaient loin d'être des révolutionnaires. Ceux-là sont venus loyalement à nous, et nous attendons les autres.

Quant à ceux qui n'ont servi l'Empire et n'en désirent le retour que parce qu'il n'est pas la royauté chrétienne, nationale, traditionnelle; qu'ils restent seuls..... avec leur prétendant! (Applaudissements. — Vive le Roi!)

La France ne le leur disputera pas !

Mgr Dupanloup, de glorieuse et impérissable mémoire, disait, il y a vingt ans, devant ses juges : *Il n'y a plus ni gallicans ni ultramontains; il n'y a plus que des catholiques romains!* Eh bien, Messieurs, il n'y a plus ni légitimistes ni orléanistes; il n'y a plus que des royalistes, comme il n'y a qu'un Roi et une Maison de France. (Applaudissements, bravos !)

Et le jour de l'entrée à Paris le Roi ne sera pas seul; il sera entouré de tous les princes de la Maison de France, de tous, sans une seule exception ! Tous accompagnaient M. le comte de Paris à Frohsdorff, lors de cette démarche si royale et si loyale du 5 août 1873. (Vive la Maison de France !)

Quant aux conservateurs !

Messieurs, il n'y a pas de conservateurs, en dehors des royalistes.

En dehors de la Royauté, comment être conservateur? A moins que cela ne consiste qu'à faire durer quelques mois de plus la République opportuniste !

On demandait à Sieyès : — Qu'avez-vous fait pendant la Terreur ? — Il répondit : J'ai vécu ! — C'est la réponse d'un centre gauche !

On demandait à Lafayette : — Qu'avez-vous fait pendant l'Empire ? — Il répondit : Je me suis tenu debout ! — Cette réponse est digne d'un royaliste.

Laissons les centre-gauchers essayer de vivre et de faire le moins mauvais ménage possible avec leur République. Nous, nous sommes debout, le cœur haut et l'épée droite !

Restons unis, actifs, confiants dans les grandes destinées de la patrie par la monarchie !

Le Roi reviendra ! (Applaudissements.)

Il reviendra parce qu'on n'a personne pour le remplacer.

Qui mettrez-vous à la place d'Henri V ?

Serait-ce M. Grévy ? mais lui-même sourirait à cette question.

Serait-ce M. Gambetta ? — Oh ! messieurs !

Si vous n'avez pas d'homme, avez-vous du moins un programme à opposer au programme du Roi ? Voyons, quel est votre programme ? Est-ce celui de Belleville ou celui de Romans ?

Non, vous n'avez personne à opposer au Roi, vous n'avez rien, en fait de programme, à comparer au sien !

Ce programme, la France le connaît, il est plus large même, plus libéral que ces principes fameux de 89.

Henri de France peut seul reprendre ce mouvement immense de 1789, et il le veut ! Seul il peut nous apporter ces réformes rêvées par le duc de Bourgogne, commencées par Louis XVI et interrompues par les hontes, les misères, les souffrances de ces trois tyrannies successives et diverses : la Convention, le Directoire et l'Empire !

Seul il peut nous donner la liberté. L'Empire n'avait de raison d'être que dans la dictature ; dès que la dictature a cessé, il y a eu quelque temps encore un empereur, mais l'Empire n'existait plus !

Avec la République, — je ne parle que pour la France, — la liberté devient la licence, le dévergondage !

Le programme royal consacre toutes les conquêtes modernes : égalité de tous devant la loi ; — les charges publiques accessibles à tous sans acception de naissance ou de religion ; — l'impôt voté par les deux Chambres ; — le suffrage universel honnêtement pratiqué !

Ce programme si sage le Roi peut seul l'appliquer ; seul il est capable de creuser au progrès des sillons qui ne soient pas des abîmes.

Ah ! si on connaissait Henri V que de préjugés disparaîtraient.

Celle qui, dans la langue diplomatique, s'appelait la duchesse régente de Parme, et qui, pour nous, est restée toujours Mademoiselle, regrettait, aux premiers jours de leur exil, de ne pouvoir aller en France avec son frère, le montrer aux Français et leur dire :

« —Voilà Henri, mon frère ! Voyez quel doux regard, quel franc sourire ! Eh bien, je vous le confie, et si vous ne reconnaissez pas en lui le cœur le plus généreux ; s'il fait couler volontairement une larme, renvoyez-le dans l'exil..... Je suis bien sûre, cette fois, — ajoutait cette gracieuse princesse, — qu'Henri ne quitterait jamais la France ! »

Ah ! si tous les Français pouvaient l'approcher, il resterait bien peu de dissidents ! (Applaudissements.)

On répète au peuple que le règne du Roi serait le règne des privilèges !

Demandez à ces ouvriers de mon pays qui se sont assis à sa table et qui ont vu leurs blouses honorées par les convives de ce prince, qui, passant une revue à Vérone, disait hautement qu'au costume de feld-maréchal de Radetzki, il préférerait les sardines d'un sergent de l'armée française.

Le règne d'Henri V, le règne des privilèges !

Dans un voyage en Allemagne, — il avait dix-neuf ans alors, — Henri de France devait passer un pont où les nobles avaient le privilège de ne pas payer le passage. — Comment, s'écrie-t-il, les pauvres paient et les riches ne paient pas ! Je suis noble moi, — noble, Messieurs, le premier gentilhomme du monde ! — Eh bien ! je veux payer. Et jamais, dans ses voyages, il n'a voulu bénéficier d'un seul privilège.

En fait de privilège, il n'en réclame qu'un seul, celui de consacrer sa vie à faire la France heureuse, prospère après l'avoir sauvée, le privilège d'assurer sa grandeur dans la paix et dans la liberté !

La liberté ! Je l'ai toujours aimée, servie,

défendue, et si quelqu'un en doutait, les pierres mêmes du tribunal et de la prison de Nice se lèveraient pour me rendre témoignage !

O vous tous qui avez comme moi, avec moi, servi cette grande cause de la liberté, si vous voulez en assurer le bienfait à notre cher et malheureux pays, aidez-nous à reconquérir Henri V ; quel qu'ait été jusqu'ici votre drapeau, venez avec nous !

Un ministre luthérien disait un jour à un de ses coréligionnaires qui allait se convertir : — Malheureux, comment oseriez-vous partager la tombe de vos pères qui ont vécu et sont morts protestants ? — C'est bien simple, répondit-il, on creusera la fosse un peu plus profondément et je mêlerai mes cendres à celle de mes grands-pères qui étaient tous catholiques.

Si quelqu'un était retenu par la crainte de renier les opinions de son père, en venant sous le drapeau du Roi, qu'il se souvienne que ce drapeau est le drapeau de ses aïeux.

En effet, il y a un siècle, tout le monde était royaliste ? Et, avant peu, tout le monde le redeviendra ! Quelque chose me dit que, dans un an, cet anniversaire que nous célébrons en famille sera une fête publique et nationale.

Courage, Messieurs, mes vaillants frères d'armes. L'heure de Dieu va sonner et la France va parler et dire à Henri, ce que jadis les Français de Bouvines dirent à Philippe-Auguste : « Nous ne voulons que toi pour Roi ! »

Vive le Roi ! (Applaudissements, cris de vive le Roi !)

L'orateur est vivement félicité par un

grand nombre de royalistes qui se pressent au pied de la table d'honneur pour lui serrer la main et le remercier.

M. Albéric de Galametz se fait l'interprète de toute l'assemblée en adressant à M. le comte Hélion de Barreme les paroles qui suivent.

PAROLES

DE M. ALBÉRIC DE GALAMETZ

—

Monsieur,

J'aurais aimé à vous remercier des nobles et patriotiques paroles qui ont tant ajouté à l'éclat de cette fête — vraiment nationale celle-ci — mais les acclamations dont les échos n'ont point encore cessé de retentir vous ont redit plus éloquemment notre gratitude. (Applaudissements.)

Je vous dois un mot cependant.

Par suite de circonstances que je n'ai point à rechercher ici, une ville, un pays où l'opinion royaliste dispose de forces considérables avait élu un sectaire, ennemi juré de toutes nos grandes et saintes causes. — L'option probable du citoyen Clémenceau pour Paris provoquerait un nouvel appel aux électeurs de la circonscription d'Arles, et le bruit est venu jusqu'à moi que, dans cette lutte de la Liberté contre l'oppression, du Droit contre l'iniquité, de la Monarchie contre la République, vous seriez le champion de la Monarchie, du Droit et de la Liberté. (Vive Barreme !)

La République, c'est la guerre ; vous seriez,

vous, le candidat de la paix et, député, votre parole brûlante imprimerait un stigmate ineffaçable aux corrompus de l'opportunisme ; à ces hommes de proie qui jettent notre patrie dans les aventures destinées à servir leurs spéculations honteuses ; à ces hommes de malheur qui semblent avoir pris pour devise : Périsse l'Algérie et la France au besoin pourvu que nous nous enrichissions. (Bravos !)

Allez donc, vaillant royaliste ; brave soldat, allez où l'honneur vous appelle ; dans les plis de votre drapeau je lis ces mots, grands entre tous : — Dieu, la France, le Roi ! Ce sera le labarum qui vous assurera la victoire, victoire que vos amis du Nord et leurs frères du Midi salueront à l'envi au cri mille fois répété de :

Vive le Roi ! (Vive le Roi !)

A SAINT MICHEL

PAR

LE Cte DE COUPIGNY DE LOUVERVAL

—

Salut grand saint Michel, mon beau patron de
[France,
Toi qui de nos aïeux illuminas le soir ;
Qui sous ton aile blanche apportas l'espérance
Alors que le ciel était noir.

—

Un jour ils avaient dit dans leur rage insensée,
Voyant Bourbon si grand, voyant Berry si fort :
Que leur nom soit éteint et leur race effacée ;
Vouloir nous résister, c'est un arrêt de mort.
Quand nos pères jugeaient leurs augustes victi-
[mes,
Ils avaient le pouvoir dans leurs sanglantes
[mains ;
Pour saisir aujourd'hui leurs dépouilles opimes
Il faut le fer des assassins.

—

Il faut tout supprimer : l'aïeul, le fils, la femme ;
Puis tout anéanti, noyé dans le trépas,
Qui pourra s'opposer à la besogne infâme
Que Satan tout joyeux nous prépare là-bas?

A l'ouvrage, Louvel, qu'il ne puisse plus naître
Au sceptre un héritier? Allons, c'est le moment
Leur vieux roi va mourir, que désormais pour
[maître
Ils n'aient qu'un cadavre sanglant.

—

Et l'assassin frappa.... Gloire, force, puissance,
Prestige sans égal que Bourbon nous laissa,
Culte de nos aïeux, tout fut éteint en France,
Et notre beau pays languit et s'affaissa.
Comme un chêne qui meurt ou comme un lys
[qui tombe
Emportant la splendeur des champs et des
[forêts,
Berry, pâle et sanglant, emportait dans la tombe
Notre espoir avec nos regrets.

—

Puis un jour vint, un jour de délire et d'ivresse,
Un rejeton sortait du vieux tronc affaissé !
Et le peuple disait, secouant sa tristesse,
Qui vous prie, ô mon Dieu, n'est jamais dé-
[laissé.
Et tandis qu'on priait, comme on prie au cénacle,
Le canon retentit, chacun compta les coups.
Le nombre était complet, et l'enfant du miracle
Etait né pour veiller sur nous.

—

Tu nous l'avais donné, toi, le plus beau des an-
[ges;
Celui que Dieu gardait et qu'il nous gardera
Que le peuple acclamait entouré de ses langes,
Qu'il poursuivit un jour, mais qu'il acclamera ;
Celui qui reviendra pour panser nos blessures

Et qui, pour relever ce peuple anéanti,
Lui parlera d’honneur de ses lèvres si pures,
Ce Roi qui n’a jamais menti.

—

Sire, nous vous aimons !... tout le sang de nos
[veines
N’est-ce pas vrai, Messieurs, nous le gardons
[pour lui.
Que l’amour sans égal dont nos âmes sont plei-
[nes
Pour la France et le Roi se traduise aujour-
[d’hui.
Haut les verres! et tous d’une clameur immense
Faisant trève un instant à nos sombres douleurs,
Répétons ce refrain, pour le Roi, pour la France
Ce refrain écho de nos cœurs.

—

Salut, grand saint Michel mon beau patron de
[France,
Toi qui de nos aïeux illuminas le soir,
Viens sous ton aile blanche apporter l’espé-
[rance

Alors que le ciel est si noir.

29 septembre 1881.

TABLE

Arras, Imp. du *Pas-de-Calais*, P.-M. LAROCHE, directeur.